Ido Boscolo

Risvegliarsi

Dalla fisica quantistica al reiki, passando per
Ho'ponopono
I segreti e le ricette per vivere in armonia con il
nostro mondo ora sono svelati

Indice

Disclaimer:

Questo libro è stato scritto come guida e appoggio morale per le persone che vogliono comprendere meglio quali sono determinati meccanismi della fisica quantistica e di alcune pratiche usate in oriente come il reiki o come ho'ponopono usato nelle isole polinesiane.

Questo libro è stato scritto per fornire informazioni adeguate, tuttavia il lettore è a conoscenza che i contenuti di questo libro sono stati compilati e scritti sulla base di principi generali: non sono da intendersi come suggerimento per una persona particolare. Quindi il lettore che vorrà mettere in pratica tecniche qui descritte lo farà a proprio rischio e discrezione

Prologo di Ido Boscolo

Normalmente amo leggere libri e non scriverli, ma per questa volta mi pongo dalla parte di chi le parole le compone come uno spartito di una grande orchestra.

Sì, una grande orchestra che però non ha musicisti, ne direttori, ne elementi o strumenti né tantomeno accordi da eseguire o da leggere.

E come dicevo pocanzi eccomi qui, spoglio di tutto ciò che potrebbe influenzare il mio pensiero. Sono senza strumenti e spartiti, senza musicisti o direttore d'orchestra.

Ho appreso che, anche se avevo 27 anni o come quando ne avevo 9 o 10, la mia percezione di come andavano le cose non cambiava, sapevo esattamente quando qualcosa non andava per il verso giusto, sapevo perfettamente che non ero sulla stessa lunghezza d'onda di quel qualcosa che mi guidava razionalmente a compiere i miei gesti di vita quotidiana.

Anche se lottavo invano contro corrente, sapevo che a nulla serviva lo sforzo, perché dentro di me sapevo e sentivo che da lì a poco mi sarei ritrovato nello stesso punto di partenza, ma con una differenza...lo stesso problema si sarebbe ripresentato con lo stesso meccanismo, e anche se visto da un'altra prospettiva, sarebbe stato maggiorato di interessi problematici, i quali richiedevano ancora di più maggiori sforzi fisici e psicologici.

A tutto ciò comprendevo che non vi era rimedio o vie di fuga perché sentivo che dovevo ricominciare da capo con nuove soluzioni ciò che non avevo completato prima con la giusta modalità. Poco importava se cambiavo rotta o cercavo di raggirare l'ostacolo, il problema si ripresentava sempre.

Ho imparato che le soluzioni già esistono dentro di noi, per questo la vita ci propina la sua sfida, perché è il suo modo di renderci partecipi e di farci svegliare, offrendoci tutti i segnali con cui essa possa manifestarsi.

Scrivo questo libro nella mia totale conoscenza e consapevolezza, che per molte persone sarà un trampolino di lancio per un nuovo viaggio dentro di se, alla riscoperta dei propri ricordi che sempre si presentano in questo presente. Scrivo questo libro, perché non è un caso che tu lo stia leggendo.

Stai sicuramente cercando un legame per cui hai tra le tue mani questa guida, e sono sicuro che alla fine di queste pagine avrai già trovato la tua risposta se ancora non la hai.

Questo libro è dedicato a te, alla tua felicità e alla tua consapevolezza.

È dedicato a mia figlia Laura, che mi mostra la vita vissuta con passione, genuinità e amore.

A tutte le persone che mi hanno accompagnato in questo cammino del risveglio e che hanno vissuto insieme a me il cambiamento.

A tutti coloro che avranno la caparbietà ed il coraggio di sfidarsi per arrivare alla fine di questo viaggio fatto di parole stampate.

"Sono un visionario e non mi importa quanto visionario possa apparire, perché non esiste quantità per chi visionario è!"

Ido Boscolo

Cosa siamo

Se ci guardiamo allo specchio vediamo una figura, ci riconosciamo, vediamo con i nostri occhi una bella persona, vediamo che abbiamo orecchie, naso, capelli, spalle, braccia, mano, dita e scendendo vediamo sempre di più la nostra totalità in un corpo perfetto, che funziona alla perfezione perché siamo un'opera maestra.

Qualcuno nota i suoi piccoli difetti, può accettarli oppure no, però siamo qui di fronte allo specchio e vediamo comunque la nostra bellezza.

Cosa siamo dipende solo da noi e da come ci percepiamo. In realtà siamo una massa di ossa, muscoli, organi rivestiti della nostra pelle, ma nel più profondo e nella parte più piccola che ci compone, per la fisica siamo energia e ancora più in profondità per la fisica quantistica siamo elettroni in costante movimento e cambiamento.

Per la fisica quantistica "energia" significa: grande quantità di elettroni racchiusi in piccolissimi spazi che la concentrano.

L'insieme di tutti questi piccoli spazi pieni di energia formano quello che vediamo davanti allo specchio. NOI!

Dunque, anche quando camminiamo per la strada o stiamo in mezzo ad altre persone ciò che vediamo al di là di un aspetto fisico e la bellezza, osserviamo energia allo stato puro.

Ogni energia ha una sua lunghezza d'onda emette una vibrazione e oltretutto funziona come una radio ricetrasmittente, che invia e riceve segnali di ogni tipo ad ogni secondo che viviamo. Questo succede che lo vogliamo o no, coscientemente o incoscientemente.

Dunque se noi siamo questa radio, significa che la nostra energia emette una frequenza ben precisa, con una modulazione distinta per ogni più piccola emozione che scaturisce da noi che sia essa voluta o no.

Così come siamo fatti, sono fatte anche tutte le altre persone di cui abbiamo un contatto visivo o no.

Un esempio concreto che può fare il tuo caso può essere questo.

Immaginati per un istante che stai passeggiando in compagnia di qualcuno o che sei al bar o al supermercato e stai parlando di qualcosa che hai in comune con l'altra persona.

Ad un certo momento mentre parli vedi che si avvicina a te e alla tua amica un'altra persona che non conosci ma che vedi sta sorridendo. Dentro di te intuisci che questa nuova persona è sicuramente qualcuno che chi, ti sta accanto conosce, per cui mantieni la serenità e attendi che qualcosa accada o succeda.

Inizialmente quello che accade è che le due persone si salutano e dopo poco il tua amica ti presenta la nuova persona. È in questo momento dove comprendi se ti piace o no questa nuova persona, se esiste feeling o no, se è simpatica o no, se la riterrai tua amica o no.

Giusto in questo istante... il nostro cervello razionale entra in gioco e neutralizza ogni emozione previa.

In realtà con l'aiuto e spiegazione della fisica quantistica possiamo osservare che mentre la nuova persona avanzava verso di noi, la sua energia si avvicinava alla nostra e ci metteva in uno stato di vibrazione grazie alla sua frequenza.

La nostra energia stava già emanando segnali di cui già percepivamo che cosa era per noi quella persona, creando emozioni, sensazioni, stato d'animo, etc.

In realtà tutto questo accadeva in uno stato di nostra incoscienza, però se lo osserviamo bene, vedremo che avevamo ragione sulla prima impressione che intuivamo prima ancora che il nostro cervello entrasse in funzione.

A questo punto però è doveroso anche prendere coscienza che se questo accade dentro di noi, allo stesso tempo e momento accade anche dentro dell'altra persona appena conosciuta.

Ma non finisce qui; anche la nostra amica con cui stavamo passeggiando intuisce e sente questa vibrazione.

Sorridi sempre a chi conosci per la prima volta, questo gesto oltre a lasciare un buon ricordo di te, trasmetterà all'infinito la tua energia nel ricordo dell'altra persona.

"Siamo melodia in costante espansione"

Ido Boscolo

Uno e zero

Nella fisica non tradizionale (la fisica quantistica), l'elettrone ha una proprietà importante che lo rende unico: il suo "STATO".

Per il suo "stato" si intende una "posizione" cioè 1 o 0. Questo determina se un elettrone è in posizione di "1" o se è in una posizione di "0".

Indipendentemente di come è la sua posizione, continua ad essere energia allo stato puro e ad esistere in qualunque stato.

Per dare un esempio più comune possiamo considerare questo stato come la televisione che abbiamo in casa. Se accendo la televisione, vedrò delle immagini ben definite e dettagliate grazie alla frequenza dove viaggiano, dal punto di trasmissione fino al punto di ricezione del mio televisore, che poi codifica e ci mostra ciò che è di nostro interesse.

Questo possiamo considerarlo "stato o posizione" 1.

Quando la nostra televisione è invece spenta e non vediamo niente, possiamo considerarlo come se è in uno "stato o posizione" di 0.

Succede però che, in ogni caso in cui si incontri lo stato della nostra televisione, (che sia accesa o spenta) che l'antenna sempre riceve e sempre sta funzionando, per cui indipendentemente esiste una frequenza emessa da energia.

Bene, se ti sembra che questo esempio funzioni e non faccia una piega, allora puoi usarlo per qualsiasi cosa tu voglia, ...pensiero, emozione persone o cose.

Un altro esempio è: in casa quando accendi la luce usi un interruttore, dunque vedi o non vedi, però anche se non vedi l'elettricità la puoi sentire semmai toccassi i fili della corrente, e questo accade indipendentemente dal tuo interruttore che sia in posizione "ON o OFF", "ACCESO o SPENTO" su "1 o 0".

L'energia è una "costante variabile", tanto nelle grandi cose come nelle più piccole o microscopiche.

Quando dico "costante" è perché sempre esiste, e quando dico "variabile" è perché può essere su "1" o "0".

A questo punto possiamo addentrarci ancora di più in profondità e prendere coscienza che se siamo energia dunque siamo elettroni, e allo stesso tempo siamo in uno stato di "acceso" o "spento", possiamo per tanto dichiararci che allo stato puro siamo ciò che in informatica si chiama "BIT"

CHE?!? NOI SIAMO BIT?!?

Si, che non si scateni il panico, siamo l'insieme di bit in costante cambiamento e mutazione, siamo il nostro ingegnere, gli artefici di ciò che abbiamo visto questa mattina allo specchio, il bello o il brutto, il buono o il cattivo, l'odio o l'amore, siamo l'1 o lo 0; però siamo sempre energia.

Siamo il sorriso o siamo gli antipatici quando conosciamo qualcuno, tutto ma proprio tutto quello che vogliamo, possiamo esserlo e farlo.
Siamo bit di informazione dentro l'elettrone.

La fisica quantistica parla chiaro e dice che: un elettrone può esistere ovunque in uno spazio di infinite possibilità, fino a quando non interviene l'osservatore che determina la sua posizione o stato. Ciò significa che fino a quando la nostra coscienza (Osservatore) non determina ciò che vogliamo (1 o 0), questo elettrone esisterà ovunque in un campo di infinite possibilità. Solo nel momento che fisseremo ciò che vogliamo, questo si manifesterà davanti di noi.

Per esempio, se pensiamo che vogliamo una mela questa mela non si manifesterà davanti a noi fino a che non dichiariamo che vogliamo mangiare una mela.

17

Un' altro esempio può essere il desiderio di cambiare auto o quello di fare un viaggio in un posto che ci piacerebbe; ma fino a quando non lo desideriamo con intensità non otterremo né un auto né un viaggio.

Se nella nostra immaginazione ci vediamo guidando un auto che ci piacerebbe o ci vediamo in un luogo stupendo che ci piace, molto probabilmente questo si realizza.

Quanta più passione e desiderio mettiamo in gioco, tanto più rapidamente avremo creato la nostra realtà.

Sicuramente questo ti è già successo, ma non ti sei reso conto che il vero artefice sei stato tu.

La ragione è che magari ti sei dimenticato di averlo voluto o sognato.

Sicuramente ora stai cercando di ricordare, facendo mille collegamenti di quante cose hai vissuto in questo modo, ma io come libro ti servo solo per farti vedere che l'acqua esiste, e che solo tu puoi decidere se vuoi berla o no.

In ogni caso, arriverai comunque alla tua fonte, qualsiasi decisione tu prenderai. 1 o 0!

Se rileggerai questo piccolo capitolo, ti chiederai: come faccio per arrivare alla fonte?

In questo mondo (in cui viviamo) tutto dipende dalla nostra determinazione che abbiamo e questi sono gli ingredienti per ottenere ciò che vuoi, come vuoi e quando vuoi.

1. Determinazione: fissa il tuo obiettivo, visualizzalo, crealo nella tua immaginazione e dichiara a te stesso che lavorerai sodo per realizzarlo

2. Positivismo: pensa sempre che il lavoro che stai svolgendo per arrivare alla tua meta è facile, e che questa tua attitudine ti facilita il cammino

3. Impegno: impegnati ad essere positivo sempre verso questa meta, sogno o obiettivo

4. Costanza: allenati ogni giorno tenendo sempre davanti i primi tre punti e ricorda che siamo tutti calciatori e modelli; dipende solo da te quanto ti alleni per diventarlo

5. Tempo: determina quando vuoi che il tuo obiettivo si manifesti e ricorda che più il tuo obiettivo è piccolo e più rapidamente otterrai il risultato sperato; più è ambizioso e più tempo ci vorrà perché si realizzi. Ricorda; l'esempio di una mela o di un'auto. Fissati una data in cui ti senti bene e

che ti sentiresti a tuo agio per
riceverlo

6. Preparazione: il più difficile tra tutti i
    punti, preparati ad osservare cosa
    succede attorno a te, preparati a
    cogliere ogni più piccolo segnale che
    ti aiuta a raggiungere la tua meta.
    Possono essere persone, oggetti,
    parole, emozioni o luoghi; ogni cosa
    tiene in se qualcosa che ci viene dato,
    non a caso sono davanti a noi

7. Osserva e decodifica: una volta che
    comprendi il segnale, ascoltati e
    chiediti se questo segnale ti è utile, le
    tue sensazioni ed emozioni non ti
    mentono né tradiscono. Per
    comprendere questo meccanismo usa
    l'1 e lo 0, dove se senti che per te è
    valido il segnale, sarà un 1, mentre se
    avrai il dubbio che ti possa essere
    utile sarà uno 0. Ricorda, se esiste il
    dubbio è che non ci sono dubbi,
    quello che hai osservato è dubbioso e
    per tanto non ti appartiene e non ti
    sarà utile.

Per decodificare questi punti e codificare la nostra meta, potremmo fare questo esercizio:

$$
\left.
\begin{array}{l}
\text{DETERMINAZIONE} = 1 \\
\text{POSITIVISMO} = 1 \\
\text{COMPROMESSO} = 1 \\
\text{COSTANZA} = 1 \\
\text{TEMPO} = 1 \\
\text{PREPARAZIONE} = 1 \\
\text{OSSERVAZIONE} = 1
\end{array}
\right\} = \text{STATO } 1
$$

Se solamente uno qualsiasi di questi 7 punti è in uno stato di 0 avremo creato una variabile dove sarà necessario lavorare per modificarne il percorso. Ogni zero sarà dunque un punto a sfavore per far sì che la nostra meta ci sfugga dalle nostre mani. Più "stati" di 0 esistono e maggiore sarà la percentuale di tenere frizioni e difficoltà per raggiungere la nostra meta.

Sembra tutto difficile vero? Questo perché viviamo in una società difficile che ha energie diverse, però nulla è impossibile se applichiamo e posizioniamo tutti i punti sullo "stato" 1

Per intenderci:

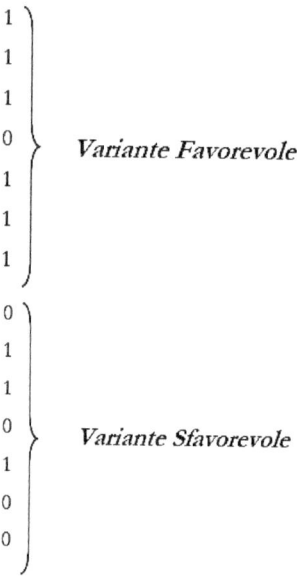

Risultato: più 0 significa meno possibilità di successo indipendentemente di quale sia il punto

Se hai dubbi, non ci sono dubbi...Cambia!

Ido Boscolo

Desiderio e permesso

Quante volte hai avuto un desiderio e non si è mai avverato? Ed i sogni chiusi nel cassetto?

Spesso ti sarai chiesto come mai nonostante i sogni che avevamo da ragazzini o da bambini non si sono mai realizzati, mentre oggi con la nostra età, a volte lo vediamo realizzato in altre persone (a volte illustri) e ci diciamo a noi stessi: anche io volevo fare questo gran lavoro da grande.

Bene, molto probabilmente, quelle persone non hanno mai smesso di sognare e sono diventate quello che sempre avevano voluto essere e diventare.

Quanti bambini negli anni '90 sognavano di essere un famoso calciatore? E quanti di loro sognavano di far parte di una grande squadra di calcio? E quanti di loro sognavano di vincere un mondiale? E quanti di loro sognavano con vincere un pallone d'oro?

Come avrai notato, solo poche persone sono riuscite ad applicare costantemente i sette ingredienti riportati nel capitolo anteriore con il passare degli anni, mantenendo davanti a se il loro obiettivo senza troppe distrazioni. Ci sono riusciti grazie alla loro caparbietà, passione, amore per quello in cui credevano, si sono preparati giorno dopo giorno per il gran giorno, usando la dignità e la costanza di voler arrivare là dove li portava il loro sogno.

In tutto questo, quel famoso calciatore non ha mai dubitato di se stesso, nemmeno nei momenti di sconforto o quando le cose non andavano come avrebbe voluto nel campo di calcio, nemmeno quando non riusciva a fare gol con la porta vuota.

Ti dico questo perché come hai letto nel capitolo precedente siamo tutti calciatori, solo dobbiamo allenarci in ciò che vogliamo essere da grandi anche se abbiamo già 40, 50, 60 o 90 anni.

Se solo pensiamo che qualcosa non possa funzionare questo accadrà.

Per comprendere meglio questo punto, ti porto in profondità di questo esempio, con ciò che io chiamo la legge del "permesso" che secondo me racchiude le sette leggi universali e che la fisica quantistica ci aiuta a comprendere con questa definizione: Il PARADOSSO "EPR" (paradosso di Einstein, Podolsky, Rosen).

Il paradosso è un esperimento mentale che dimostra come in realtà una misura eseguita su una parte di un sistema quantistico, possa propagare istantaneamente un effetto sul risultato di un'altra misura, eseguita istantaneamente su una parte del sistema stesso e indipendentemente dalla distanza che separa i due punti presi in considerazione.

Questo paradosso è anche definito come "entanglement quantistico".

Di fatto, nella nostra quotidianità la legge del "permesso" possiamo descriverla così: Un elettrone può esistere in più punti dell'universo simultaneamente e solo quando lo osserviamo definiamo e fissiamo la sua posizione, ma se smettiamo di osservarlo, questo continuerà il suo percorso.

Per comprendere il "permesso" dovremo tenere presente questi fattori:

"Multiverso e l'entanglement"

- Per multiverso intenderemo che il nostro desiderio o sogno esiste in questa realtà e allo stesso tempo esiste in un altro universo dove questo desiderio è di fatto già reale o dove esso già esiste
- L' entanglement dove questo desiderio o sogno può sentire e modificarsi istantaneamente grazie alla propagazione di uno o dell'altro

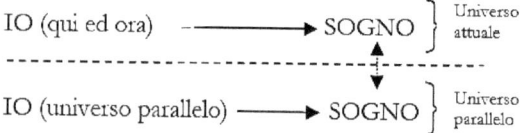

Se immaginiamo che in un universo parallelo il nostro sogno già esiste e lo visualizziamo in tutti i suoi colori e dettagli, osserveremo che il sogno che ancora non esiste in questa nostra vita, molto probabilmente verrà influenzato da quello parallelo.

Per paradosso però dobbiamo tenere ben presente e chiaro che ogni più piccola modifica che apporteremo al sogno di questa vita attuale, potrà influenzare quello della vita parallela.

A questo punto ti starai chiedendo "sì, ma come faccio a non pensare al sogno o al mio desiderio?"

È vero non è facile, ogni volta che ci penserai e non lo farai con la stessa intenzione, forza e visione iniziale, distorcerai l'impulso globale che gli hai impresso inizialmente. Ogni volta, se non lo farai nello stesso modo con cui lo hai creato, modificherai il sogno nel tuo universo parallelo e quando ti arriverà avrà probabilmente quelle piccole variazioni o modifiche che hai inavvertitamente creato.

Il trucco sta nel "permesso"

In molti libri ci viene spiegato come attirare le cose grazie alla così detta legge della attrazione che non funziona per tutti come dovrebbe perché nessuno ti svela il segreto al suo stato puro e nessuno ti svela la meccanica del suo funzionamento.

Il "permesso" sta nel <u>dimenticare</u> in modo indefinito il tuo sogno e/o desiderio, e di sostituire questo ultimo con la sensazione ed emozione che proveresti ad avere questo sogno o desiderio già tra le tue mani o di fronte a te.

Devi permetterti di dimenticare e allo stesso tempo permetterti di gioire, godere, apprezzare quel tuo sogno in questa vita; universo.
Questo gioire e apprezzare è la chiave da usare tutti i giorni e in ogni momento possibile in cui ti senti bene e allineato con il tuo sogno e desiderio.

Per tanto possiamo riassumere il funzionamento con questo grafico.

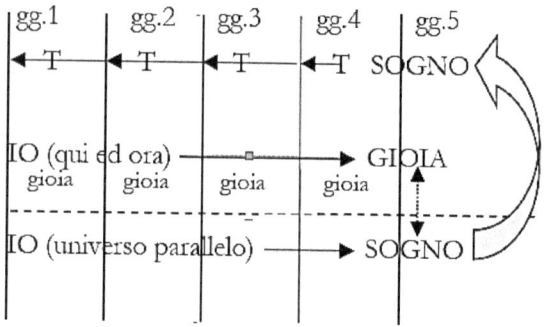

T= tempo
gg.= giorni

Con parole e numeri possiamo dunque creare un
ordine cronologico per spiegare meglio questo
schema.

1) IO – ovunque io sia
2) SOGNO – nel momento in cui lo penso e
   lo visualizzo, già esiste nell'universo
   parallelo dal momento che lo creo
3) PERMESSO – dimentico e gioisco
4) SOGNO – nella vita del "qui ed ora" sta
   per arrivare o meglio detto... "mi viene
   incontro"
5) PERMESSO – continuo a gioire nel
   tempo, giorno dopo giorno, così facendo
   vado incontro al mio sogno

Inoltre nella fisica quantistica esistono vari suggerimenti di illustri rappresentanti, rispetto a come l'entanglement possa influire sulle dimensioni, per esempio "l'iperspazio topologico" a 4 dimensioni di Stephen Hawking o la 5ª dimensione di Michio Kaku dove si osserva la funzione beta di EULER.

In ogni caso tanto se parliamo di 4, 5 o più dimensioni, questa legge del "permesso di dimenticare" continua a funzionare.

Un vecchio detto dice: *DAI TEMPO AL TEMPO E TUTTO SI SITEMA...*Te lo ricordi?

Vorrei continuare a tenerti dentro la fisica quantistica perché vorrei farti riflettere su questo punto.

Nell'iperspazio topologico di Hawking; per far sì che esista un elettrone in due luoghi distinti simultaneamente, c'è bisogno di un ipersalto quantico, dove tra uno spazio-tempo ed un altro spazio-tempo si usano scorciatoie dette "WORM HOLE" o anche chiamate buchi di verme.

(Questo termine è stato formulato da Einstein-Rosen)

Il cunicolo è un ponte spazio-temporale e si può schematizzare così

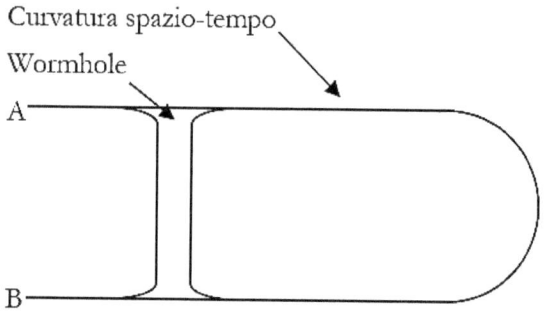

Rappresentazione bidimensionale di un Wormhole

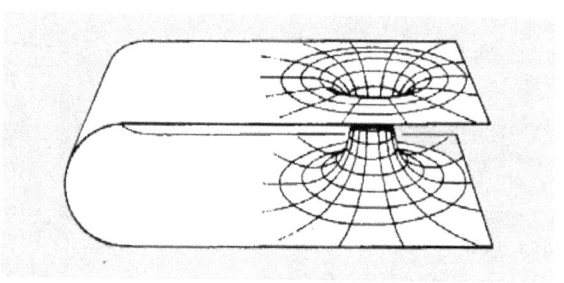

Rappresentazione tridimensionale di un Wormhole

Secondo la legge di Einstein-Rosen, un elettrone che utilizza un wormhole, viaggerebbe più veloce della luce.

Grazie a questo ultimo schema potrai infine comprendere come si connette un sogno di un universo con un altro sogno di un altro universo.

Nella pratica il mio meccanismo è il seguente e il mio sogno fu nel cassetto funziona letteralmente come dicono queste parole.

Prendo un foglio, post-it o qualsiasi foglio di carta che non abbia ne linee ne quadratini, scrivo il mio sogno o desiderio in poche linee e dopodiché piego il foglio e lo metto in un cassetto. Con questo gesto creo il mio sogno e permettendomi di dimenticare che lo ho fatto (dunque definitivamente eliminandolo dalla mia memoria) lo lascio alla creatività dell'universo, facendo in modo che sia presente ovunque, proprio perché distolgo l'attenzione verso di lui.

Il secondo passo è di gioire sin da subito del risultato, come se già avessi realizzato il mio sogno o lo tenessi tra le mie mani, e continuo a farlo fino a quando il mio desiderio o sogno diventa realtà in questo mio universo attuale.

La scelta del cassetto può essere uno qualsiasi, che hai in casa tua, oppure una scatola che userai solo per tutti i tuoi sogni. L'importante è che sia vuoto e che con il passare dei giorni non attiri la tua attenzione per non modificare il sogno con il tuo pensiero; in questo modo resterà intatto.

Se non hai un cassetto favorito puoi anche scegliere un luogo all'aria aperta come un bosco o un fiume, dove potrai lasciare il foglio scritto con il tuo desiderio/sogno. La natura come l'universo si prenderà cura del tuo desiderio come fosse suo.

Nel mio caso concreto ho scelto di usare una scatola delle scarpe di mia figlia, e lì ho riposto tutti i miei sogni che ho scritto in tanti piccoli post-it. Attualmente mi son dimenticato le parole esatte e non cerco di ricordarle; solo gioisco, mi vedo svolgendo quel sogno, mi riempio di gratitudine con l'universo per il meraviglioso regalo che mi ha fatto e lo ringrazio permettendomi di dare tutto l'amore per cui esiste questo mio desiderio.

Non dimenticare dunque il tuo permesso di dimenticare quello che hai scritto, il permesso di non sentirti colpevole per avere dimenticato, il permesso di gioire in totale pienezza del tuo sogno ed il permesso di dirti "ME LO MERITO".

La ricetta dunque è la seguente:

1) Sogna il tuo desiderio, vivilo in quel istante come se fosse reale o che te lo immagini che sia. Definiscilo con più dettagli possibile, se puoi fallo con colori vivi, non importa quali

2) Scrivilo riassumendolo in un foglio

3) Libera un cassetto, svuotalo da qualsiasi altro oggetto che vi è dentro, in modo che nulla lo possa contaminare a livello energetico

4) Metti il tuo sogno o tutti quelli che scriverai da questo momento in poi in questo cassetto

5) Gioisci ogni giorno, ora o minuto che puoi per quei sogni, come se già appartenessero a questa tua realtà

6) Permettiti ogni punto sopra citato

7) Ringrazia ogni mattina l'universo per averti regalato questa gioia per questo regalo o di aver realizzato questo sogno come se già lo avessi tra le tue mani. Fai lo stesso ogni sera prima di addormentarti.

Ogni bambino ha e tiene i suoi sogni nel cassetto.
Permettiti di essere quel bambino che li realizza.
Sempre!

Ido Boscolo

Il tempo

Per come concepiamo il nostro tempo oggi come oggi, abbiamo tendenza a misurarlo con un orologio; tanto se lo facciamo con uno da polso, da parete o della stazione dei treni.

Spesso ti sarà capitato di essere in ritardo o in anticipo in molti avvenimenti della tua vita e se ci pensi, non è un caso che questo si ripeta tanto spesso e più di quanto tu possa ricordare.

Come avrai ben inteso, il tempo non è misurabile senza un orologio e questo è un fatto reale per le nostre vite, fatti, gioie e momenti indimenticabili. Però solo noi esseri umani lo usiamo!

Nella natura (animali, piante, etc.) non esiste; nella natura solo esiste il ciclo di una vita ed i cicli che la compongono. Il sole nasce ogni giorno e lascia spazio alla luna quando finisce il ciclo; un orso sa sempre quando è il momento di andare in letargo e sa sempre quando svegliarsi. Un albero sa quando deve fiorire e un ape sa sempre quando è il momento di raccogliere il polline.

Ogni cosa animata e inanimata conosce perfettamente il suo ciclo e sa sempre quando è il momento giusto per qualsiasi cosa.

Lo sanno perché sono in perfetta sincronia, armonia e allineamento con quello che si chiama "madre terra" e "padre sole"; da entrambi prendono forza e nutrimento per poter vivere!

Sai sempre che ora è anche se non hai a portata di mano un orologio? Sì, lo sai sempre, anche se non ci credi del tutto. Lo sai perché come tutti gli esseri di questa terra ti è rimasto qualcosa di allineamento con i cicli della natura. Il fatto è che grazie alla comunità in cui vivi, hai dimenticato chi sei in realtà. Ti sei abituato ad uscire fuori dai cicli naturali, però il tuo corpo non ti mente.

Infatti sai sempre quando è l'ora del pranzo, la tua pancia reclama cibo, il tuo cervello reclama acqua, il tuo corpo intero reclama riposo la notte, la tua pelle, i tuoi occhi, sensi ed organi reclamano sole e calore e come ogni cosa che reclama, ha bisogno di un equilibrio e contrappeso per essere in perfetta armonia e sincronicità nello stato di pienezza.

SOLE – LUNA
ESTATE – INVERNO

Ora ti starai chiedendo cosa centro tutto questo con te, se sei in ritardo o in anticipo nei tuoi avvenimenti? Beh centra eccome.

Anche se guardi che ora è, il tuo metabolismo e orologio biologico non sono in sincronia con l'orologio che hai al polso o con l'orologio della tua auto; centra perché la tua sincronia è allineata con quello del ciclo della natura più di quanto pensi.

Però non preoccuparti, la maggior parte di noi è così; non a caso esiste il traffico in città, attese al ristorante o più in piccolo se vogliamo usarlo come esempio, nel bagno di casa dove tutti devono usarlo nello stesso momento.

Tutto questo serve per comprendere che lo vogliamo o no, siamo allineati in un certo modo con la natura. A volte siamo in anticipo, a volte siamo in ritardo, ma solo poche volte siamo allineati con il nostro orologio biologico.

Ora ti pongo una domanda: Sai come fai a ricordare le cose che sono successe nel tuo passato? E come mai non ti ricordi la tua vita intera, ma solo hai meri ricordi del tutto?

Ti lascio riflettere, solo tu conosci la tua "vera risposta". Da parte mia però ti vorrei far riflettere ancora di più; ti va di comprendere come funziona e come misuriamo il tempo oggi?

Dunque: 1" (secondo) è l'equivalente di 9.192.631.770 oscillazioni della radiazione emessa dalla transizione di due livelli "iperfini" dello stato fondamentale/basico del isotopo 133 dell'atomo del CESIO (^{133}Cs) ad una temperatura di 0k (K = grado Kelvin o conosciuto come zero assoluto 273,15C°).

Però come siamo arrivati fino a qui? Non era il secondo la 60esima parte di un minuto, che era la 60esima parte di una ora che è la 24esima parte di un giorno?

Definizione di GIORNO:
Il vocabolario definisce il giorno come un intervallo di tempo tra due incroci consecutivi del sole che attraversa il meridiano celeste.

Ci hai messo 25 secondi per leggere dal numero "1" alla parola "celeste", ti sei reso conto?

Bene, abbiamo iniziato con la sincronicità e allineamento con il nostro orologio biologico e siamo finiti ancora una volta alla fisica e alla sua complessità, però poi ci siamo salvati con le nostre classiche 24 ore. UAU!

Dobbiamo renderci conto che abbiamo tutti in comune una caratteristica che è relazionata con il tempo...tutti ma proprio tutti, ricordiamo almeno qualcosa del nostro passato.

Definizione di PASSATO.
Il vocabolario definisce: avvenuto in un tempo antecedente al presente; che si riferisce ad un momento precedente, tempo trascorso o ciò che in esso è accaduto.

Proprio ciò che in esso è accaduto, è il nostro obiettivo!

Per alcuni scienziati il nostro ricordo non risiede nel nostro cervello per completo, bensì nel cosi detto e chiamato *"campo del punto zero"*

Definizione di CAMPO DEL PUNTO ZERO:
La energia del punto zero in fisica è considerata l'energia più bassa che un sistema fisico meccanico-quantico possa avere, ed è l'energia di uno stato fondamentale di un sistema.

Il concetto della "energia del punto zero" fu proposto da Albert Einstein e Otto Stern nel 1913, nel momento in cui si iniziò a parlare della teoria dei campi quantici. Questa parola è sinonima di "VUOTO" e/o di ENERGIA OSCURA, e di una quantità di energia associata allo "SPAZIO VUOTO"

I nostri ricordi, o meglio, lo spunto iniziale su cui iniziamo ad avere un ricordo, è in costante collegamento con questo campo del punto zero; ed è lì dove per molte persone si attinge alle informazioni del passato, del presente e del futuro.

Questo aiuta a definire quando in gergo olistico e metafisico si dice: Sono connesso con il mio IO, sono collegato con l'universo, sono in armonia e sono attivo con il mio stato di coscienza, sono presente qui ed ora in piena coscienza, etc....

Non a caso se ti ricordi bene, hai letto in questo libro che spesso le cose del passato che non sono state risolte si ripresentano in questo tuo attuale "FUTURO", e si ripresentano tali e quali con gli interessi del tempo. Rifletti per un minuto a quante cose ti sono capitate e ricapitate, e poi prosegui la lettura e comprenderai ancora di più cosa succede.

(Sono sicuro che comprendi l'importanza di risolverli non appena ti sia possibile e nella sua totalità, o sai già fin da ora che nel tuo futuro ti si ripresenteranno).

A questo punto, dove hai riflettuto su alcuni punti della tua vita che ti si sono ripresentati svariate volte, comprenderai che in realtà quello che hai fatto, sia consciamente o inconsciamente, è stato quello di viaggiare nel tuo ricordo passato, e riportare nel tuo futuro-presente quell'avvenimento, fatto, o ciò che è accaduto in quel momento.

Se lo osserviamo meglio vedrai che l'impulso del passato ha ricreato in questo presente un ricordo che non era materiale ma che lo è diventato solo e grazie a te!

CHE?!?

Come può essere che una cosa del passato si materializzi ancora una volta e poi ancora una volta, e ancora e ancora?

Beh rifletti allora su questi punti:
- I tuoi ex fidanzati hanno tutti qualcosa in comune che con il tempo hai potuto identificare, indipendentemente se erano cose che ti piacevano o no
- Nel mondo della finanza ti capita la stessa cosa, per esempio una multa o una bolletta da pagare inaspettata
- Con le persone che conosci, in un certo modo arrivano nella tua vita ma poi escono cosi come sono arrivate
- Nel lavoro, probabilmente ogni tre anni lo cambi o lo hai cambiato, e ogni tanto devi svolgere cose che non ti piace svolgere.

Quando ti capitano queste cose ti dici tra te e te, Oh no! Ancora una volta? Ma perché sempre io? E tante altre belle frasi che solo tu conosci, però il senso resta lo stesso... PERCHÈ?

Se vuoi che tutto questo non riaccada e vorresti che i vari punti rimasti in sospeso della tua vita (di cui ogni tanto temi arrivino nel tuo presente) e non accadessero più, esiste un bel trucco efficace che si può adattare per ogni circostanza.

Il segreto sta nel tagliare definitivamente il cordone ombelicale con queste cose o fatti di ciò che è accaduto in quel tempo, però questo lo vedremo più avanti alla fine di questo capitolo.

Dunque ti è chiaro questo punto del passato, del tempo e di come rivivi le tue vecchie esperienze anche se hanno un'altra faccia o un'altra forma di presentarsi?

Se si, allora facciamo un passo avanti e guardiamo al futuro!
Cosi come abbiamo la possibilità di guardare al passato e viaggiare dentro di esso ti posso confermare che non finisce qui!

Ho definito una frase che si usa spesso che però utilizzo alla lettera in ogni suo senso e che per te potrà essere forte come concetto: "passeggiare nel tempo"

Per me questa frase significa esattamente fare una passeggiate nel tempo, indipendentemente se è a ritroso nel tempo o nel futuro

Bene, osserva per un momento come hai applicato bene questa definizione per il tuo passato, lo vedi?

Lo fai bene, molto bene, esattamente come se tu fossi su un treno che anche se in movimento verso il futuro o in qualunque direzione dove tu stia andando, hai potuto sempre affacciarti in qualsiasi finestrino per vedere i particolari momenti o frazioni temporali del tuo passato.

Proprio così, ogni finestrino potrebbe essere paragonato ad un momento ben specifico della tua vita così come il dizionario definisce la parola "passato".

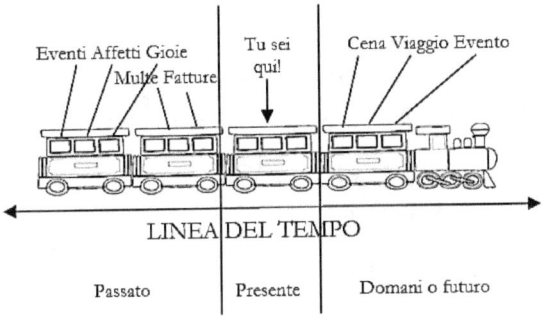

Dunque, se posso ricordare il passato, riviverlo nel presente, ed ho questa straordinaria capacità come essere umano, posso dunque ricordare il futuro?!?

CHE?

"Ricordare" il "futuro" è in totale contrasto! Non puoi ricordare il futuro, non è accaduto tuttavia!

Calma, non stai uscendo di testa, stai solo leggendo. È una affermazione molto forte lo so e lo sai, e per questo ti suggerisco di andare avanti a leggere e di spingerti oltre ciò che sai e conosci, d'altronde la paura nasce da ciò che si sconosce, così come probabilmente avevi paura del buio quando eri bambino.

Non sto parlando di fare un viaggio nel futuro come molti potrebbero pensare, ricorda che stai solo leggendo su come "ricordare il futuro".

Per farti comprendere meglio, vorrei ricordarti che siamo fatti di energia, e per tanto siamo composti di essa, siamo una massa di elettroni, di bit, e molte altre piccole cosette... ricordi?

Bene, la fisica quantistica dichiara che un "qubit" (bit quantistico) a differenza del bit, può essere 1 e 0 allo stesso tempo e che per questo motivo non può essere copiato nel senso tradizionale, ma può solo essere trasferito.

La rivista "NATURE PHYSICS" ha pubblicato il 30 gennaio del 2008 un esperimento scientifico (accettato da tutti i migliori scienziati di questo mondo) dove il professore e scienziato Jian-Wei Pan ed il suo team di Heidelberg (Germania) insieme all'università della scienza e tecnologia cinese e all'istituto atomico delle università austriache in Austria, dimostrano che un bit quantico (qubit) carico di informazioni è stato teletrasportato da un luogo ad un altro (in laboratorio è stato teletrasportato su una distanza di 7 metri).

L'esperimento (che ha usato un qubit fotonico) ha trasferito le informazioni e le caratteristiche ad una memoria quantistica attraverso il teletrasporto quantico. È da notare che il tele trasportatore quantico è la forma usata per trasferire uno "stato quantico" sconosciuto in una località lontana senza ottenere informazioni sullo stato, durante il percorso della trasferimento.

Quando si trasporta un qubit in una distanza, il processo è notabile, dovuto al fatto che il qubit emettitore e ricettore non sono collegati fisicamente in nessuna forma e non "sanno" dell'esistenza di uno e dell'altro, però grazie al fenomeno conosciuti come "Interlacciamento Quantico", un qubit è capace di assumere lo "stato quantico" dell'altro senza interagire fisicamente con lui. Inoltre l'esperimento evidenzia che quando un qubit fotonico è stato trasferito, è rimasto immagazzinato tra due cumuli di atomo di rubidio (dove ogni cumulo contiene circa un milione di atomi, raccolti tramite una trappola magnetoottica).

Dunque il qubit non solo può essere teletrasportato ma anche immagazzinato in una memoria…UAU UAU!!!

Dunque ricapitoliamo…non solo posso ricordare il passato ma posso anche tele trasportarlo?

Ehm ehm! Non realmente, però se consideri il campo del punto zero dove la nostra memoria attinge per ogni cosa, possiamo dedurre che come faccio un viaggio nel passato ricordandolo, posso attingere ad esso per un viaggio nel futuro, e questo grazie al fatto che il mio cosi detto elettrone si tele trasporta, si impregna di informazioni e le trasferisce in un certo modo al mio corpo nel mio attuale presente.

Per quanto riguarda un viaggio nel tempo tuttavia non esistono esperimenti di questo genere, però si esistono teorie come la più famosa "Teoria speciale dia Albert Einstein" come estensione della teoria generale. C'è da dire però che nella nostra realtà tutte le particelle viaggiano nel futuro, già che il tempo fluisce sempre nella stessa direzione ed il passo del tempo è solo il movimento verso il futuro.

Infatti, quante volte ti sei visto in una situazione e dopo poco la hai vissuta esattamente tale e quale?

Non voglio convincerti che questo sia così però i tuoi vari esempi e ricordi, solo ti possono aiutare a comprendere che "SI" è fattibile.

"Siamo tutti allenati a vedere il passato, però possiamo allenarci per vedere il futuro, o ricordarlo se solo vogliamo"

Che succede quando il passato si cristallizza a partire dal futuro?

Concorde con un nuovo modello di universo che combina la relatività con la meccanica quantistica la risposta è il presente.

Quale è dunque la differenza tra il passato ed il futuro?

Non molta se si prende in considerazione il punto di vista puramente relativo dell'universo dice George Ellis della università di Città del Capo (Sud Africa) e Tony Rothman della università di Princeton (New Jersey).

I diagrammi standard di uno spazio tempo usati nella relatività non hanno uno status speciale per il passato il presente o il futuro e questo si deve a che tutti assumono il fatto che evolvono a partire da una fisica locale reversibile temporalmente.

Di fatto è possibile rappresentare tale universo usando un diagramma "spazio-temporale" nel quale lo spazio ed il tempo si fondono in un'unica entità. "L'universo è semplicemente un blocco di spazio tempo fisso", dicono Ellis e Rothman.

Da questa prospettiva, nessun istante ha uno stato speciale, tutti i momenti del passato e del futuro sono ugualmente PRESENTE, ed il presente "adesso" è solo un numero infinito.

Tutto questo per dire che se agisci sul tuo presente in maniera responsabile puoi modificare il tuo passato o avvenimenti accaduti in esso e allo stesso tempo agire sul tuo futuro. Così facendo le cose accadute anteriormente al tuo presente verranno modificate nel tuo futuro, rompendo così la catena degli eventi inaspettati (non più multe, spese inattese, etc....).

Riguardo al famoso treno, possiamo intentare di guardare il futuro scegliendo e fissando il presente con una semplice osservazione, dove la nostra immaginazione (chiamiamola così per comodità) fissa l'evento nel "adesso" plasmandola e permettendoci di essere vissuta.

A questa altezza del capitolo possiamo dunque chiudere il tutto citando ho'ponopono per poter tagliare definitivamente il cordone ombelicale che ci tiene legati con un evento che non ci sta più bene.

Questa pratica significa letteralmente "l'azione di stare in equilibrio/allineamento" ed è l'atto di vivere in armonia con tutte le cose, con tutti i luoghi e con tutte le persone.

Qui di seguito elenco 4 semplici passaggi che utilizzano i concetti di ho'ponopono, però affinché siano efficaci è richiesta azione, chiarezza e determinazione.

Sicuramente dovrai prima arrivare alla conclusione che disconnettersi o tagliare il cordone ombelicale con qualsiasi energia indesiderata è essenziale per andare avanti o per iniziare un cambiamento.

La ricetta:

1) Taglia il cordone ombelicale con la energia indesiderata, tra te e la persona, il luogo o la cosa

2) Trasmuta o circonda ciò che stai scollegando con una chiara luce bianca

3) Ricicla questa energia trasmutata in uno spazio eterico o nell'universo intorno a noi. È come versare una tazza di acqua nell'oceano dove tutto diventa uno con l'acqua del mare

4) Sostituisci il recettore vuoto che hai appena eliminato e che resta dunque vuoto di energia (o che hai creato quando è stata reciso il cordone ombelicale), con

sentimento di gioia, o con qualcosa di positivo che preferisci.

Ora ricorda: questo tagliare il cordone ombelicale ha a che vedere con il lasciar andare, il perdonare, la resa e la transizione verso qualcosa di positivo.

A volte ci sembra di ingannare il tempo, a volte ce ne burliamo e altre ancora lo ignoriamo.

In fondo il tempo non è altro che una misura costante della nostra vita con cui esprimiamo la nostra vecchiaia o giovinezza.

Ido Boscolo

Anomalie

Hai mai provato la sensazione di aver già vissuto una determinata esperienza o di aver già visto un luogo o di esserci stato prima?

Anni addietro questa sensazione, la psicologia la definiva come un disordine mentale associato alla schizofrenia e alla ansietà, e per questo il francese Èmile Boirac (1851-1917) coniò la parola "Déjà vu".

A me personalmente piace chiamarlo "Anomalia del multiverso".

DEFINIZIONE DI DÉJÀ VÙ: parola di origine francese usata per descrivere l'esperienza di sentire che si è stati testimoni o che già si ha sperimentato una situazione nuova.

Negli ultimi anni è cresciuto molto l'interesse degli scienziati su questo argomento su cui oltretutto sono emerse numerose teorie sull'origine del Déjà vu.

Il dottor Michio Kaku (fisico teorico) conosciuto per la sua attività di divulgatore scientifico, afferma che c'è la possibilità che il Déjà vu sia causato dalla nostra capacità di saltare da un universo all'altro!

Per approfondire la sua teoria, Kaku, utilizza il lavoro svolto dal premio Nobel "Steven Weinberg" che sostiene l'idea del multiverso dove secondo Weinberg esiste un numero infinito di realtà parallele che convivono con noi in questa stanza.

Per dare un esempio concreto, "immaginati di essere una radio dentro la stanza e che come ogni radio che si rispetti puoi solo sintonizzarti su una frequenza, potendo così ascoltare una sola frequenza alla volta anche se sai che esistono moltissime frequenze radio".

Ecco, allo stesso modo noi siamo sintonizzati sulla frequenza che corrisponde a questa realtà fisica.

Esistono però un infinito numero di realtà parallele attorno a noi "trasmesse" ad una frequenza differente dalla nostra e con le quali non possiamo sintonizzarci.

Mentre la nostra radio è sintonizzata su una sola frequenza il nostro universo è composto da "STRINGHE" che vibrano ad una sola e unica frequenza e che solo i nostri sensi possono percepire.

Gli universi paralleli dunque, non sono in fase e non vibrano nella stessa frequenza, però se teoricamente fossero in fase sarebbe possibile saltare da un universo ad un altro.

Se questo potesse accadere, anche solo per una frazione di secondo avremmo di fatto sintonizzato le nostre antenne (sensi) su un'altra frequenza (universo) e avremmo così vissuto l'esperienza di aver sperimentato una nuova situazione

Sempre secondo Kaku che studia la matematica della teoria delle stringhe, il mondo per come lo conosciamo non è completo.

Oltre alle quattro dimensioni che conosciamo tutti (il tempo più lo spazio tridimensionale), esisterebbero altre sei dimensioni extra spaziali presenti in forme geometriche invisibili in ogni singolo punto dell'universo (per questo vorrei ricordarti quanto hai letto anteriormente nel capitolo desiderio e permesso).

Bene se unifichiamo quanto detto durante tutte le pagine anteriori, la mia teoria è che esiste una distorsione spazio-tempo (Confermata dalla nasa il 27 febbraio 2013) che fa incrociare in un certo punto due universi, dove noi, come una radio che sintonizzata su una frequenza, captiamo e percepiamo anche solo per un attimo la FASE di questi due universi. Per tanto, possiamo definire questo punto come "Anomalia del Multiverso"

Grafico 1: Multiverso

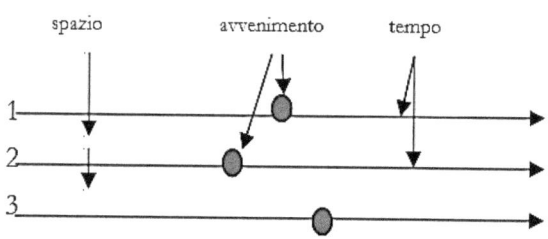

Nel primo grafico puoi notare che i 3 punti sono gli stessi avvenimenti che accadono in tempi distinti ipotizzati su tre universi paralleli, mentre sul secondo grafico sottostante, puoi notare che con l'avanzare del tempo il secondo universo si interseca per un momento al primo e prosegue il suo cammino in quella posizione.

Grafico 2: Anomalia del Multiverso

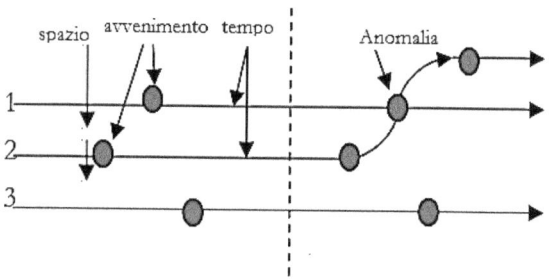

Proprio come raffigurato nel secondo grafico puoi notare come l'incrocio di due universi, possa causarti un Déjà vu e farti rivivere o avere questa sensazione di qualcosa o esperienza già vissuta.

Il pallino è un avvenimento fermo in questo presente e nel futuro nel caso del primo universo, il secondo evento (Identico) o molto simile al primo è presente nel "adesso" o universo fisico.

Quando succede una distorsione spazio-tempo (anomalia del multiverso) ed i due universi si incrociano sulla stessa linea temporale (tempo) si inter-cambiano informazioni (avvenimento) a livello spaziale (spazio).

Nella nostra vita reale però siamo coscienti che succedono molte cose strane che spesso non si riesce con la logica a dare spiegazioni, e per questo motivo ci rassegniamo e accettiamo quello che ci succede come una dato di fatto.

La sensazione di aver già vissuto frammenti di sensazioni, luoghi e momenti, ci rincorrono durante tutta la vita e ci piace chiamarli Déjà vu per comodità, e come tali ne accettiamo la presenza in questa nostra vita.

A me personalmente capita spesso di tenere queste sensazioni di aver vissuto determinati avvenimenti che sono già accaduti e mi piace pensare che prima di "adesso" ho già vissuto questo avvenimento, perché così ho trasmesso al mio passato informazioni utili, anche se poi in questo presente non sono in grado tuttavia di decifrarli.

Credo che molte persone come te e me si chiedono se il Déjà vu sia realmente qualcosa che abbiamo già vissuto.

Mi piace credere che in questo momento, mentre leggi questo libro, stai facendo le tue connessioni, più che altro per trovare alcune risposte.

Proprio per questo ti invito a riflettere ogni volta che ti capiterà qualcosa di simile al Déjà vu, su come ti senti e che sensazione hai avuto, e se queste sensazioni sono in sintonia con l'avvenimento che vivrai.

"La distorsione non è altro che una visione distinta di ciò che non puoi ancora vedere"

Ido Boscolo

Passione: l'amore visto da dentro

Spesso mi è capitato di parlare con amici e persone che incontro durante il mio percorso di vita, di cosa innesca in noi questo sentimento.

Per molte persone "L'AMORE" significa una cosa astratta, per altre il significato viene misurato e portato ad esperienza personale e si chiedono se mai saranno in grado di amare, dando a questa parola una scala di valori.

Un esempio classico è: "io, in una scala da uno a dieci, amo quella persona 8", oppure "io la amo ma non riesco a dare un 10 a ciò che sto vivendo" oppure ad un livello estremo, "come sogno l'amore vissuto da me o come vorrei che fosse, non ci sarà mai". Queste sono solo alcune delle tantissime valutazioni che abbiamo e possiamo dare a questa parola.

A tal proposito, tempo fa ho avuto un piacevolissimo incontro con un mio caro amico, il quale mi chiese come stessi vivendo in questo preciso momento il "mio amore verso la mia compagna".

È una domanda al quanto difficile a cui rispondere in quanto come ho detto prima è molto soggettiva una risposta, ma credo che tale domanda meriti una risposta che esuli dal piano terrestre per darci la possibilità di ritornare a quel sentimento ancestrale del nostro "io" che almeno una volta ci ha fatto sognare nella nostra vita.

Considero l'amore e tutti i suoi sentimenti da cui scaturiscono migliaia di sfaccettature, una sorta di emozione divina, capace di sorprenderci ogni volta che la proviamo, perché come tale è sempre diversa a causa delle nostre esperienze.

L'amore non è di fatto una cosa concreta, non è materiale, e di conseguenza non la possiamo toccare, per tanto è anche difficile da accettare una cosa che non possiamo toccare né tantomeno vedere, in quanto per molti potrebbe essere un'illusione.

Di fatto tale emozione è insita nel nostro io, quell'io che non sappiamo di avere ma che sentiamo "È" ed esiste in noi.

L'amore e le sue emozioni, risvegliano appunto questo "IO" dormiente in uno dei suoi punti più sensibili e attivi della nostra coscienza.

Visto dalla prospettiva di un famoso filosofo: Platone; in uno dei suoi simposi dichiara che noi viviamo l'amore su una scala di emozioni che vanno da un numero minimo di 1 ad un numero massimo di 5. Per Platone l'amore è posizionato al numero 5 di questa scala di valori e che per tanto è in contatto con il nostro IO supremo

Per lui il punto 5, lo si ha e lo si sente nel momento della nascita, quando si viene in questo mondo. Il punto 5 lo si tocca (virtualmente parlando) quando proviamo questa emozione dimenticata, avuta proprio in quel momento.

La nascita o rinascita è questo l'amore puro.

Dunque quando amiamo stiamo per tanto rinascendo un'altra volta!

Al contrario di quanto si possa pensare, Platone suggerisce che non ci sentiamo così perché ci sentiamo amati da altri, ma bensì perché sentendoci in questo stato "d'essere" ci stiamo nuovamente innamorando di noi stessi; ci stiamo amando!

Sì, amiamo noi stessi e ci vediamo meglio, ci vediamo radiosi e vogliosi di fare cose, gioiosi e armoniosi con ogni cosa che ci circonda, ogni cosa ci appare vibrante e anche le cose che ignoravamo, ora le vediamo con un altro tono di colore.

L'amore ci fa venire voglia di conoscere meglio questa emozione attraverso gli altri e di conseguenza trasliamo questo nostro amore verso la persona che in quel momento abbiamo (o sta) al nostro fianco.

Ebbene, secondo Platone noi non stiamo amando l'altra persona ma semplicemente noi stessi.

È un ritorno alle nostre emozioni più profonde ed insite del nostro io, un ritorno nel grembo di nostra madre, e questa è a sua volta una sensazione di protezione che ha in se la forza che nessuno può demolire o può minare proprio perché è nostra, e nessuno a parte noi può sentirla così come la sentiamo se non provandola in prima persona.

Bene, se secondo te tutto questo non fa una piega, allora insieme posiamo continuare su cosa penso che sia l'amore

L'amore è di fatto l'emozione più pura che possiamo provare perché non passa dal nostro cervello e dunque non viene filtrata come sempre accade con altre cose ed emozioni. Proprio perché non viene filtrata rimane pura nella sua essenza perché non è reale, solo la si può sentire. Rimane pura fino al momento in cui proviamo per mano di essa una emozione che ci causa un trauma, che sia esso positivo o no!

Di fatto l'amore quando lo si dà, lo si dà con tutto noi stessi, non si ama in misura e non si ama a metà.

Al mio amico quel giorno ho detto che quando amo lo faccio con tutti me stesso, senza riserve, senza voler essere amato, amo senza pensare in ciò che posso ricevere, amo con rispetto, amo in modo disinteressato... amo e basta, perché se amo, amo me stesso senza mezze misure.

Ciò che ci fa dare dei punti di valore all'amore è il nostro cervello che associa le esperienze direttamente o indirettamente vissute attraverso la società in cui viviamo.

L'amore arriva quando si ha completa libertà di opinione, espressione, comprensione e compassione verso gli altri, e non a caso l'amore inizialmente viene vissuto con totale libertà senza ansie e paure di ciò che potrebbe portare a creare poi; solamente in una relazione duratura, con il tempo si possono innescare meccanismi che possono influenzare questa emozione, ma ricordati che allo stato iniziale l'amore è puro.

Ora se proseguiamo in questo percorso e prendiamo in considerazione per un attimo che nella fisica quantistica è dimostrato che noi siamo energia pura e che quando amiamo siamo perfettamente in contatto con questa energia, possiamo dire che l'energia che sentiamo è il nostro amore.

Come tale dunque siamo formati da elettroni e per tanto tutto ciò che ci circonda ha ed è energia.

Gli elettroni che sono presenti nell'universo sono dunque presenti anche nel nostro corpo fisico e dunque noi siamo parte integrante di questo universo come un tutt'uno.

Usando questa base dunque si potrebbe andare ancora di più in profondità, ipotizzando di forma quantistica che se il mio IO e la persona che amo fa parte anch'essa di questo universo, non sento le sue emozioni, ma bensì le mie riflesse in lui/lei

Per darti un esempio pratico prova a prendere o ad immaginarti due diapason usati per accordare uno strumento musicale, ora mettili uno a fianco dell'altro e mantieni uno di essi fermo, mentre l'altro lo fai vibrare. Quello che noterai sarà che il diapason che hai usato e che sta vibrando farà vibrare come per magia quello che tenevi fermo nell'altra mano.

Con questo esempio solo vorrei che notassi che anche se esiste un impulso iniziale di uno dei due diapason in entrambi i casi i diapason vibrano sulla stessa frequenza per se stessi, ma non per la causa e l'effetto dell'altro. Essi vibrano per se stessi e innescano la vibrazione nell'altro.

A questo punto viene la parte più ardua su ciò che è la mia opinione sull'amore e per questo cercherò di essere il più semplice possibile.

Entrando nelle viscere di questo argomento e andando sempre più in profondità, addentriamoci in una realtà non fisica, usando per un momento la nostra immaginazione.

Proviamo dunque per un istante a prendere e tenere in considerazione che se io sono un elettrone e tu anche, possiamo dire che siamo collegati in un certo modo e dunque possiamo anche entrare in risonanza reciproca se io e te ci incontrassimo.

Ora, immaginati per un attimo che siamo un tutt'uno come se fossimo una mela (o un unico e gigante elettrone) che ad un certo punto e fase della sua vita, viene tagliata in due, divisa e gettata ai limiti estremi dell'universo. Sappiamo di fatto che questa parte di mela che è stata divisa resta sempre fatta di elettroni nel suo più semplice stato e anche se separata e privata dal resto della sua totalità a cui era legata continuerà ad essere e rimanere energia.

Bene, ora immaginati di essere in uno degli estremi dell'universo, dove io sono ora lontano da te e dove tutti e due siamo comunque dentro un grande vortice universale e che entrambi (io e te) sappiamo, che ogni vortice ha la caratteristica di attrarre qualsiasi corpo o oggetto presente ai suoi estremi, verso il proprio ventre, e dunque di far confluire per mezzo della sua forza centrifuga anche noi, verso la parte più stretta di esso. Come elettroni (ricordati che sei energia e che la energia attrae a se altra energia che sia essa positiva o negativa) abbiamo tendenza ad attirare altri elettroni e prima o poi può accadere che nel ventre di questo vortice io e te entriamo nuovamente in contatto facendo accadere così una fusione.

Qui in questo punto è dove avviene ciò che io definisco la "magia dell'amore", nonché la ricongiunzione di due elettroni che formano il tutt'uno di essi. L'UNO.

Ecco come avviene in modo elementare la magia dell'unione tra due persone a livello subatomico spiegato con la fisica quantistica.

Ok, se ora prendessimo per vero quanto hai appena letto come possiamo vivere un amore all' infinito? Oppure anche una semplice amicizia?

Sappiamo per esperienza che nulla in questo mondo dove viviamo è infinito, sappiamo che tutto tende a sciogliersi. Prima o poi il ciclo della vita ricomincia e riparte da zero ma l'energia che è in noi è in realtà infinita e sappiamo che solo la nostra vita terrena ha un tempo limitato.

Se pensiamo così dunque tutto è un ciclo continuo, per tanto in questa vita o in un'altra, prima o poi ti ricongiungerai con la metà della tua mela e se già la hai incontrata o sei alla continua ricerca, solo mi resta un suggerimento da darti:

"Tanto che tu, sia solo o con la tua metà di mela, non smettere mai di amarti, se non ti ami non potrai mai amare nessuno e non incontrerai mai chi ti possa amare per la magnifica persone che sei"

Personalmente quando ho bisogno d'amore e di sentirmi bene non cerco amore fuori di me, quello che faccio è cercare il mio amore dentro di me, mi guardo allo specchio e mi guardo negli occhi, mi leggo dentro cercando di sintonizzarmi su me stesso, così da vedere la bella persona che sono.

Noto l'amore che ho da regalare a chi mi circonda, mi ascolto e mi sintonizzo con la mia vibrazione.

Altre volte riempio la vasca da bagno e mi immergo in essa, emulando la sensazione che il mio IO ricorda quando ero dentro il ventre di mia madre e sento così come il mio amore inizia a fiorire ancora una volta.

Così facendo mi ricordo chi sono e mi riallineo con il mio essere più puro che mi dà amore e che mai e poi mai mi tradisce, perché per come noi siamo fatti non ci tradiremmo mai, il tuo IO non ti abbandona mai, e mai ti lascerebbe.

L'amore che è in noi è infinito, non si può misurare per quanto poco tu possa considerarlo.

Ogni cosa ad iniziare da te, lo vivi con passione.

Un maestro e dottore, nonché monaco tibetano disse: L'amore senza compassione è un amore ego-sistemico.

Quando ami una persona senza dubbi, lo fai con passione; senza passione con il tempo diventi geloso perché vuoi che questa persona solo appartenga a te, e a nessun'altro.

Tanto che lo fai consciamente o no, renderai questa persona "non libera", tanto nell'esprimersi come nella sua vita, e a sua volta questa persona farà lo stesso con te.

Se comprendi questo meccanismo, potrai scegliere di vivere la tua vita in modo libero e felice e allo stesso tempo rendere quella degli altri uguale alla tua.

Se così non la pensi, continuerai imperterrito il tuo continuo cambiare quando ti sentirai ancora una volta intrappolato.

La mia ricetta per vivere bene ed in armonia l'amore o l'amicizia:

1) Ama te stesso…SEMPRE!
2) Ama chi ti circonda senza limiti ne regole
3) Donati senza aspettarti nulla a cambio, (cosi non rimarrai deluso quando non ti arriva quello che aspetti)
4) Non avere paura di non essere amato, perché chi ti sta vicino ti ama per l'amore che hai non per quello che dai
5) Non smettere mai di dimostrartelo, se lo farai chi ti circonda smetterà di vibrare come te e si allineerà sulla tua frequenza.
6) Non cercare negli altri l'amore di cui hai bisogno, tu hai già il tuo
7) Sei nato solo e chi ti circonda solo ti accompagna nel cammino della tua vita, così che amati ogni giorno in modo incondizionato. Aiuterai gli altri a fare lo stesso rimanendo al loro fianco, cosi come loro fanno con te.

"Se non hai passione non puoi amare in modo libero, liberati e sentiti tale, solo così avrai passione per ogni cosa"

Ido Boscolo

Paradosso di Einstein-Podolsky-Rosen

Il paradosso di Einstein-Podolsky-Rosen (paradosso EPR) è un esperimento mentale che dimostra come una misura eseguita su una parte di un sistema quantistico possa propagare istantaneamente un effetto sul risultato di un'altra misura, eseguita successivamente su un'altra parte dello stesso sistema, indipendentemente dalla distanza che separa le due parti.

Questo effetto, derivante dalla interpretazione di Copenaghen della meccanica quantistica e divenuto poi noto come entanglement quantistico, venne considerato paradossale in quanto, oltre che contro intuitivo, ritenuto incompatibile con un postulato della relatività ristretta (che considera la velocità della luce la velocità limite alla quale può viaggiare un qualunque tipo d'informazione) e, più in generale, con il principio di località.

Considerazioni generali

Albert Einstein, Boris Podolsky e Nathan Rosen proposero questo esperimento ideale in un articolo pubblicato nel 1935 intitolato "La descrizione quantistica della realtà fisica può ritenersi completa?", appunto con l'intento di dimostrare che la meccanica quantistica, portando, oltre che a validi risultati, anche a conseguenze paradossali, non è una teoria fisica completa.

Cinque mesi dopo, Niels Bohr rispose all'argomento di EPR con un articolo intitolato allo stesso modo.

La posizione di Bohr è stata a lungo considerata come ulteriore vittoria del suo scontro con Einstein, benché oggi si riconosca apertamente che la sua posizione era piuttosto oscura e non può essere certo considerata soddisfacente come risposta a EPR. Sempre nello stesso anno, Erwin Schrödinger pubblicò l'articolo in cui descrive il famoso paradosso del gatto, cercando di chiarire l'idea della sovrapposizione di stati nella meccanica quantistica. Si deve a David Bohm, nel1951, una riformulazione del paradosso in termini più facilmente verificabili sperimentalmente.

Il paradosso EPR descrive un effetto fisico che, come accennato, ha aspetti paradossali nel senso seguente: se in un sistema quantistico ipotizziamo alcune deboli e generali condizioni, come realismo, località e completezza, ritenute ragionevolmente vere per qualunque teoria che descriva la realtà fisica senza contraddire la relatività, giungiamo a una contraddizione.

Tuttavia è da notare che "di per sé" la meccanica quantistica non è intrinsecamente contraddittoria, né risulta in contrasto con la relatività.

Benché proposto originariamente per mettere in luce l'incompletezza della meccanica quantistica, ulteriori sviluppi teorici e sperimentali seguiti all'articolo originale (come il teorema di Bell e l'esperimento sulla correlazione quantistica di Aspect hanno portato una gran parte dei fisici a considerare il paradosso EPR solo un illustre esempio di come la meccanica quantistica contrasti in modo stridente con le esperienze quotidiane del mondo macroscopico (per quanto la questione non sia assolutamente chiusa). Implicazioni per la meccanica quantistica

Attualmente la maggior parte dei fisici ritiene che la meccanica quantistica sia corretta e che il paradosso EPR sia appunto solo un "paradosso" per il fatto che le intuizioni classiche (di livello macroscopico) non corrispondano alla realtà. Si possono trarre da ciò parecchie diverse conclusioni, che dipendono da quale interpretazione della meccanica quantistica si usi.

Nella vecchia interpretazione di Copenaghen, prodotta da Niels Bohr, Werner Karl Heisenberg, Pascual Jordan e Max Born, si conclude che il principio di località (o di separazione) non debba valere e che avvenga effettivamente il collasso della funzione d'onda istantaneo.

Nell'interpretazione a molti-universi, di Hugh Everett III, la località è mantenuta e gli effetti delle misure sorgono dal suddividersi e ramificarsi delle "storie" o linee d'universo degli osservatori.

Il paradosso EPR ha reso più profonda la comprensione della meccanica quantistica mettendo in evidenza le caratteristiche fondamentalmente non classiche del processo di misura. Prima della pubblicazione dell'articolo di Einstein-Podolsky-Rosen, una misura era abitualmente vista come un processo fisico di perturbazione inflitto direttamente al sistema sotto misura.

In altri termini, se si fosse misurata la posizione di un elettrone, ad es. illuminandolo con luce, cioè con un fiotto di fotoni, l'urto dei fotoni con l'elettrone, necessario per illuminarlo e "vedere" dov'è, avrebbe disturbato lo stato quantomeccanico dell'elettrone, per esempio modificandone la velocità e producendo così incertezza sulla velocità; questa descrizione viene adoperata per esemplificare l'indeterminazione quantomeccanica su posizione e velocità, grandezze meccaniche necessarie a determinare l'evoluzione dello stato meccanico (grandezze coniugate).

Tali spiegazioni, che ancora si incontrano in esposizioni non specialistiche, scolastiche e divulgative della meccanica quantistica, sono completamente demistificate dall'analisi di Einstein-Podolsky-Rosen, che mostra chiaramente come possa effettuarsi una "misura" su una particella senza disturbarla direttamente, eseguendo una misura su un'altra particella distante, ma entangled (intrecciata) con la prima.

Sono state sviluppate e stanno progredendo tecnologie che si basano sull'entanglement quantistico (intreccio di stati quantistici).

Nella crittografia quantistica, si usano particelle entangled per trasmettere segnali che non possono essere intercettati senza lasciare traccia dell'intercettazione avvenuta.

Nella computazione quantistica, si usano stati quantistici intrecciati (entangled) per eseguire calcoli in parallelo, che permettono elaborazioni con velocità che non si possono raggiungere con i computer classici.

(http://it.wikipedia.org/wiki/Paradosso_di_Einstein-Podolsky-Rosen)

Ponte di Einstein-Rosen

Un ponte di Einstein-Rosen o cunicolo spazio-temporale, detto anche wormhole (in italiano letteralmente "buco di verme", ma tradotto in modo poco attinente col termine galleria di tarlo o cunicolo di tarlo), è una ipotetica caratteristica topologica dello spazio-tempo che è essenzialmente una "scorciatoia" da un punto dell'universo a un altro, che permetterebbe di viaggiare tra di essi più velocemente di quanto impiegherebbe la luce a percorrere la distanza attraverso lo spazio normale.

Il wormhole viene spesso detto galleria gravitazionale, mettendo in rilievo la dimensione gravitazionale strettamente interconnessa alle altre tre dimensioni: spazio e tempo. Questa singolarità gravitazionale, e/o dello spazio-tempo che dir si voglia, possiede almeno due estremità, connesse ad un'unica galleria o cunicolo, potendo la materia viaggiare da un estremo all'altro passandovi attraverso.

Tipi di cunicoli spazio-temporali

I cunicoli spazio-temporali intra-universo connettono una posizione con un'altra dello stesso universo in un tempo differente.

Un tunnel gravitazionale dovrebbe poter connettere punti distanti nell'universo a causa delle deformazioni spaziotemporali, permettendo così di viaggiare fra loro in minor tempo rispetto ad un viaggio attraverso lo spazio normale.

I cunicoli spazio-temporali inter-universo collegano un universo ad un altro differente e sono definiti wormhole di Schwarzschild.

Questo ci permette di congetturare la possibilità se tali tunnel spazio-temporali possano essere usati per viaggiare da un universo ad un altro parallelo.

Un'altra applicazione del wormhole potrebbe essere il viaggio nel tempo.

In questo caso sarebbe una scorciatoia per spostarsi da un punto spaziotemporale a un altro differente.

Nella teoria delle stringhe un wormhole viene visualizzato come la connessione tra due D-brane, dove le bocche sono associate alle brane e connesse tramite un tubo di flusso.

Si pensa che i wormhole siano una parte della schiuma quantica o spaziotemporale.

Altra classificazione:

I wormhole euclidei, studiati nella fisica delle particelle.

I wormhole di Lorentz, sono principalmente studiati nella relatività generale e nella gravità semiclassica.

I wormhole attraversabili sono dei tipi speciali di wormhole di Lorentz che permetterebbero a un essere umano di viaggiare da un estremo all'altro del buco (tunnel).

Per il momento esistono teoricamente differenti tipi di wormhole che sono principalmente soluzioni matematiche al problema:

Il supposto wormhole di Schwarzschild prodotto da buco nero di Schwarzschild viene considerato insormontabile;

Il supposto wormhole formato da un buco nero di Reissner-Nordstrøm o Kerr-Newman, risulterebbe sormontabile, ma in una sola direzione, potendo contenere un wormhole di Schwarzschild;

Il wormhole di Lorentz possiede massa negativa e si ipotizza come sormontabile in entrambe le direzioni (passato/futuro).

Cunicoli spazio-temporali di Schwarzschild

Diagramma incapsulato (embedded) di un wormhole di Schwarzschild.

I cunicoli spazio-temporali lorentziani noti come cunicoli spazio-temporali di Schwarzschild o ponte di Einstein-Rosen sono ponti fra aree di spazio che possono essere modellati come soluzioni di vuoto nelle equazioni di campo di Einstein combinando modelli di un buco nero e un buco bianco.

Questa soluzione fu scoperta da Albert Einstein e il suo collega Nathan Rosen, che per primo pubblicò il risultato nel 1935. Ad ogni modo, nel 1962 John A. Wheeler e Robert W. Fuller pubblicarono un saggio mostrando che questo tipo di wormhole è instabile, e che sarà schiacciato fuori istantaneamente non appena si forma, impedendo anche alla luce di attraversarlo.

Precedentemente i problemi di stabilità dei wormhole di Schwarzschild erano apparenti; fu proposto che i quasar fossero buchi bianchi formanti la fine di questi tipi di wormhole.

Mentre i wormhole di Schwarzschild non sono attraversabili, la loro esistenza ispirò Kip Thorne a immaginare wormhole attraversabili creati tenendo la 'gola' di un wormhole di Schwarzschild aperta con materia esotica (materia che ha massa/energia negativa).

Attraversabilità

I wormhole lorentziani attraversabili permetterebbero di viaggiare da una parte all'altra dello stesso universo molto rapidamente oppure viaggiare da un universo ad un altro.

La possibilità di wormhole attraversabili nella relatività generale fu per prima volta dimostrata da Kip Thorne insieme a un suo studente laureato Mike Morris in un documento del 1988; per questa ragione il tipo di wormhole attraversabile che essi proposero, tenuto aperto per mezzo di un guscio sferico di materia esotica, viene riferito come un wormhole di Morris-Thorne.

Più tardi, altri tipi di wormhole attraversabili furono scoperti come soluzioni accettabili riguardo alle equazioni della relatività generale, includendo una varietà analizzata in un documento del 1989 di Matt Visser, in cui un sentiero attraverso il wormhole può essere praticato senza attraversare una regione di materia esotica.

Comunque nella versione originaria della teoria di Gauss-Bonnet la materia esotica non serve ai wormholes per esistere - poiché possono farlo senza di essa.

Un tipo tenuto aperto da massa negativa stringa cosmica fu proposto da Visser in collaborazione con Cramer ed altri, asserendo che tali wormhole potrebbero essere stati creati naturalmente nell'universo primordiale.

I wormhole connettono due punti nello spazio-tempo, ovvero permetterebbero in linea di principio di viaggiare nel tempo come pure nello spazio.

In un saggio del 1988, Morris, Thorne e Yurtsever cercarono esplicitamente di capire come convertire un wormhole attraversante lo spazio in uno attraversante il tempo.

(http://it.wikipedia.org/wiki/Wormhole)

Energia del punto zero

(Campo del punto zero)

Basi fisiche:
Dal principio di indeterminazione di Heisenberg
deriva che il vuoto è permeato da un mare di
fluttuazioni quantistiche che creano coppie di
particelle e anti-particelle virtuali che si
annichiliscono in un tempo inversamente
proporzionale alla propria energia.

Il contributo complessivo all'energia del vuoto
risulta così mediamente diverso da zero e pari a

$$\varepsilon = \frac{h\nu}{2}$$

dove h è la costante di Planck e è la frequenza di
un generico modo di vibrazione associabile alla
lunghezza d'onda materiale delle particelle virtuali.

Integrando rispetto allo spazio tutti i contributi
dati dalle fluttuazioni quantistiche a tutte le energie
e lunghezze d'onda si ottiene una quantità di
energia enorme per unità di volume.

Dal momento che l'energia produce gravità
essa dovrebbe contribuire a determinare in modo
significativo il valore della costante cosmologica

che invece risulta di entità molto esigua. Nella realtà dunque, questa enorme energia viene a elidersi quasi totalmente e non è facile pensare a un modo pratico per estrarla dal suo "background" di vuoto quantistico.

Nella teoria quantistica dei campi, il termine energia di punto zero è sinonimo di energia del vuoto.

L'esistenza di una energia non nulla associata al vuoto è alla base dell'effetto Casimir, previsto nel 1947 e confermato sperimentalmente.

Altri effetti derivanti dall'energia di punto zero sono la Forza di van der Waals, lo spostamento di Lamb-Retherford, la spiegazione dello spettro di radiazione di corpo nero di Planck, la stabilità dello stato fondamentale dell'atomo di idrogeno dal collasso radiativo, l'effetto delle cavità di inibire o aumentare l'emissione spontanea di fotoni dagli atomi eccitati e la radiazione di Hawking responsabile dell'evaporazione dei buchi neri.

(http://it.wikipedia.org/wiki/Energia_di_punto_z ero)

Ho' Ponopono

È un'antica pratica hawaiana per la riconciliazione, il perdono e la risoluzione dei conflitti.

Simili pratiche di perdono erano attuate nella zona insulare dell'Oceania (nella regione meridionale dell'oceano Pacifico), comprese Samoa, Tahiti e la Nuova Zelanda.

Tradizionalmente l'ho'ponopono è praticato da sacerdoti guaritori (kahuna lapa'au) presso i familiari di una persona malata.

Versioni moderne di questa tecnica sono messe in pratica in famiglia da una familiare più anziano o dall'individuo singolo.

(http://it.wikipedia.org/wiki/Ho%27oponopono)

Biografie:

Albert Einstein

Nel 1921 ricevette il Premio Nobel per la fisica "per i contributi alla fisica teorica, in particolare per la scoperta della legge dell'effetto fotoelettrico", e la sua fama dilagò in tutto il mondo soprattutto per la teoria della relatività, in grado, per l'assoluta originalità, di colpire l'immaginario collettivo. Fu un successo insolito per uno scienziato e durante gli ultimi anni di vita la fama non fece che aumentare, al punto che in molte culture popolari il suo nome divenne ben presto sinonimo di intelligenza e di grande genio.
Oltre a essere uno dei più celebri fisici della storia della scienza, fu molto attivo in diversi altri ambiti, dalla filosofia alla politica, e per il suo complesso apporto alla cultura in generale è considerato uno dei più importanti studiosi e pensatori del XX secolo.

La sua immagine rimane a tutt'oggi una delle più conosciute del pianeta, avendone fatto e facendone largo uso anche il mondo della pubblicità: si è giunti infatti, inevitabilmente, alla registrazione del marchio "Albert Einstein".

Il 1905 è un anno di svolta nella vita di Einstein e nella storia della fisica. Nel giro di sette mesi, Einstein pubblica sei lavori:

Un articolo sull'effetto fotoelettrico, ultimato il 17 marzo, concernente l'estrazione di elettroni da un metallo colpito da quanti di luce (poi denominati fotoni nel 1926), ossia da radiazione elettromagnetica. Questo studio, che gli sarebbe valso il Premio Nobel per la fisica nel 1921, diede una grande spinta alla meccanica quantistica, che come teoria stava prendendo forma proprio in quegli anni (il concetto di quanto era stato ipotizzato nel 1900 da Max Planck); la tesi di dottorato sul tema "Nuova determinazione delle dimensioni molecolari", pubblicata il 30 aprile. Sarebbe diventato lo scritto di Einstein più citato nella letteratura scientifica degli anni settanta; un articolo, datato 11 maggio, sul moto browniano, che costituiva uno sviluppo della sua tesi di dottorato; una prima memoria, in data 30 giugno, dal titolo Zur Elektrodynamik bewegter Körper (Sull'elettrodinamica dei corpi in movimento) che aveva come oggetto l'interazione fra corpi carichi in movimento e il campo elettromagnetico vista da diversi osservatori in stati di moto differenti.

La teoria esposta nell'articolo, nota successivamente con il nome di Relatività ristretta (o speciale), risolveva i contrasti tra teoria meccanica e teoria elettromagnetica della luce che avevano caratterizzato la fisica dell'Ottocento, con una revisione dei concetti di spazio e di tempo assoluti;

Un'altra memoria sulla relatività ristretta, datata 27 settembre, che conteneva la nota formula $E=mc2$;

un altro articolo sul moto browniano, pubblicato il 19 dicembre.

(http://it.wikipedia.org/wiki/Albert_Einstein)

Boris Podolsky

(Taganrog, 26 giugno 1896 – Cincinnati, 28 novembre 1966) è stato un fisico russo naturalizzato statunitense.

Scoperte:

Lavorando con Albert Einstein e Nathan Rosen, Podolsky concepì il paradosso EPR. Questo famoso articolo stimolò il dibattito circa l'interpretazione della meccanica quantistica, che si concluse con il teorema di Bell e l'avvento della teoria quantistica dell'informazione.

Nel 1933, Podolsky e Lev Landau ebbero l'idea di scrivere un libro di testo sull'elettromagnetismo che iniziava con la relatività speciale e ne sottolineava i postulati teorici, piuttosto che le leggi sperimentali.

Questo progetto non andò a buon fine a causa di ritorno Podolsky negli gli Stati Uniti, dove era emigrato nel 1913. Tuttavia, nelle mani di Lev Davidovic Landau e di E. Lifshitz, i lavori preparativi del libro di testo che avevano realizzato sfociarono nella teoria classica dei campi (1951). Sulla stessa base, Podolsky e K. Kunz produssero i Fondamenti di Elettrodinamica, Marcel Dekker Press (1969), a cui il figlio di Podolsky, Robert, contribuì con la maggior parte delle domande alla fine di ogni capitolo.

(http://it.wikipedia.org/wiki/Boris_Podolsky)

Nathan Rosen

(Brooklyn, 22 marzo 1909 – Haifa, 18 dicembre 1995) è stato un fisico israeliano.

Fu il co-autore (con Albert Einstein e Boris Podolsky) del noto articolo del 1935 pubblicato su Physical Review, dal titolo "Can Quantum-Mechanical Description of Physical Reality Be Considered Complete?" (Può la descrizione della realtà fisica della Meccanica quantistica considerarsi completa?), che nella meccanica quantistica individuò il problema poi divenuto noto come paradosso EPR.

Egli fu inoltre uno dei due scopritori del cosiddetto Ponte di Einstein-Rosen nella relatività generale e fu il fondatore dell'Istituto di Fisica Technion di Haifa, Israele. In tale istituzione, a tutt'oggi, si tiene una serie di conferenze a suo nome.

(http://it.wikipedia.org/wiki/Nathan_Rosen)

Stephen William Hawking

(Oxford, 8 gennaio 1942) è un matematico, fisico e cosmologo britannico, fra i più importanti e conosciuti del mondo, noto soprattutto per i suoi studi sui buchi neri.

Pur essendo condannato all'immobilità dall'atrofia muscolare progressiva (e non, come si è pensato per lungo tempo, dalla sclerosi laterale amiotrofica), ha occupato la cattedra lucasiana di matematica all'Università di Cambridge (la stessa che fu di Isaac Newton) per trent'anni, dal 1979 al 30 settembre 2009. È membro della Royal Society, della Royal Society of Arts, della Pontificia Accademia delle Scienze

Nel 2009 ha ricevuto la Medaglia presidenziale della libertà, la più alta onorificenza degli Stati Uniti d'America, conferitagli dal presidente Obama.

Ricerche:
I principali campi di ricerca di Hawking sono la teoria cosmologica e la gravità quantistica.

Verso la fine degli anni sessanta, con il suo amico e collega di Cambridge Roger Penrose, ha applicato un nuovo modello matematico complesso dedotto dalla teoria della relatività generale.

Ciò lo ha condotto a dimostrare nel 1971 il primo di molti teoremi che forniscono un insieme di circostanze sufficienti per l'esistenza delle singolarità gravitazionali nello spazio-tempo.

Questo lavoro ha indicato che, lontano da essere mera e isolata curiosità matematica, le singolarità sono una caratteristica ragionevole e non occasionale della relatività generale.

Insieme a Brandon Carter, W. Israel e D. Robinson, ha fornito la prova matematica del teorema dell'essenzialità (No-Hair Theorem) di John Archibald Wheeler, cioè che i buchi neri sono caratterizzati solamente da tre proprietà: la massa, il momento angolare e la carica elettrica. Con Bardeen e Carter, ha inoltre proposto le quattro leggi della termodinamica dei buchi neri, in analogia con la termodinamica classica.

Ha anche suggerito, analizzando le emissioni dei raggi gamma dopo il Big bang, che mini buchi neri primordiali si dovrebbero essere formati istantaneamente.

Il presidente degli USA Obama insieme a Hawking nella Casa Bianca per conferirgli la medaglia presidenziale della libertà (agosto 2009)

Nel 1974 ha dimostrato che, dal punto di vista termodinamico, i buchi neri sono corpi neri e sono descritti dalle leggi della termodinamica: posseggono cioè una temperatura e un'entropia definite dal loro campo gravitazionale e dalla loro superficie.

Di conseguenza dovrebbero irradiare particelle subatomiche. Questa irradiazione, nota come radiazione di Hawking, dovrebbe portare alla progressiva diminuzione di massa del buco nero, fino alla sua cosiddetta "evaporazione" completa, anche se ancora non è chiaro il possibile risultato finale di tale processo.

In collaborazione con Jim Hartle, ha sviluppato dagli anni ottanta un modello cosmologico in cui l'universo non ha confini nello spazio-tempo, sostituendo il Big bang, inteso come singolarità iniziale, con un modello matematico che egli descrive per analogia come la regione di un polo terrestre: nessuno può viaggiare più a nord o più a sud dei rispettivi poli in quanto in tale luogo non esiste un contorno.

Originariamente la nuova proposta prevedeva una forma dell'universo di tipo chiuso, ma le discussioni con Neil Turok hanno portato a concludere che la proposta di assenza di condizioni al contorno è valida anche nel caso di un universo aperto.

(http://it.wikipedia.org/wiki/Stephen_William_H awking)

Michio Kaku

(San Jose, 24 gennaio 1947) è un fisico statunitense, figlio di immigrati giapponesi.

Breve storia:

Comunemente noto per la sua intensa attività di divulgatore, Michio Kaku è un fisico teorico impegnato da anni nello studio della teoria delle stringhe, di cui è stato il primo a dare una formulazione in termini di teoria di campo. In particolare con il collega Keiji Kikkawa si è dedicato allo studio delle interazioni delle stringhe di tipo I, catalogandole e stabilendo che per le stringhe aperte sussistevano cinque interazioni possibili, mentre per quelle chiuse una era sufficiente.

Egli stesso ha poi paragonato l'interazione della stringa chiusa al processo di mitosi della cellula.

Dopo essersi laureato summa cum laude all'Harvard University, il suo talento e le sue capacità vengono notati dal celebre Edward Teller, che fa di Kaku il suo "favorito" contribuendo in modo rilevante alla di lui formazione intellettuale.

Attualmente insegna fisica teorica al City College di New York, ma ha insegnato anche alla New York University e all'Institute for Advanced Studies di Princeton, già noto per aver ospitato personalità del calibro di Albert Einstein, Robert

Oppenheimer, John Von Neumann e altri importanti scienziati.

In varie trasmissioni scientifiche, ha più volte ribadito la possibilità che una civiltà extraterrestre estremamente evoluta possa piegare lo spazio-tempo a suo piacimento, per poter raggiungere in tempi brevi punti anche molti distanti tra di loro dell'universo.

Ha spiegato abbastanza chiaramente i meccanismi di distorsione spazio-temporale nel documentario della National Geographic sugli incontri ravvicinati.

Ha asserito che per rendere estremamente più potenti i motori astronautici si potrebbe usare l'antimateria. Ma ha anche ammesso che passeranno decenni, o forse secoli, prima che questo si possa realizzare, e solo in fase sperimentale.

Basti pensare che il più grande acceleratore di particelle in grado di creare antimateria è tuttora il CERN di Ginevra, il quale pur avendo dimensioni mastodontiche non riesce a produrre nemmeno un grammo di antimateria.

Pertanto sono necessari moltissimi anni di sperimentazioni e migliorie tecniche perché si possano produrre quantità di antimateria su scala industriale.

(http://it.wikipedia.org/wiki/Michio_Kaku)

Steven Weinberg

(New York, 3 maggio 1933) è un fisico statunitense.
Biografia:

I suoi genitori, Frederick ed Eva Weinberg, erano immigrati di origini ebraiche.

Si è laureato nel 1954 alla Cornell University e ha ottenuto il dottorato (Ph.D.) in Fisica dalla Princeton University nel 1957. Si è sposato con Louise nel 1954, quando entrambi erano studenti alla Cornell University.

Weinberg condusse il suo lavoro di ricerca presso la Columbia University e poi al Lawrence Berkeley National Laboratory prima di giungere alla Università della California a Berkeley nel 1960, dove, nel 1963, nacque sua figlia Elizabeth.

Nel 1967 propose la sua versione della teoria elettrodebole. Fino a quel momento l'elettromagnetismo e la forza nucleare debole erano note come due interazioni fondamentali separate, che operavano attraverso lo scambio rispettivamente di fotoni, particelle prive di massa a riposo il cui raggio di azione è illimitato, e di bosoni dotati di massa, il cui raggio di azione è limitato alle dimensioni nucleari. Weinberg previde le caratteristiche di tali bosoni, identificandoli come i bosoni W e Z, e dimostrò in particolare che questi ultimi e i fotoni, nonostante le apparenti differenze, sono elementi di una stessa interazione, che prese il nome di elettrodebole.

A queste importanti scoperte si arrivò anche grazie agli studi di Abdus Salam e di Sheldon Lee Glashow che nel 1979 condivisero con Weinberg il Premio Nobel per la Fisica.

La conferma sperimentale delle idee di Weinberg e colleghi non tardò ad arrivare.

Nel periodo 1982-1983, al CERN di Ginevra, i fisici Carlo Rubbia e Simon van der Meer identificarono le particelle subatomiche previste dalla teoria, responsabili dell'interazione debole, e cioè i bosoni W+, W- e Z0, guadagnando a loro volta, per tale lavoro, il premio Nobel.

Per un breve periodo (1968-69) fu professore al Massachusetts Institute of Technology; tornato in California, si spostò poi di nuovo sulla East Coast, a Harvard, nel 1973.

Dal 1982 Weinberg lavora alla Università del Texas, ad Austin.

(http://it.wikipedia.org/wiki/Steven_Weinberg)

Platone

(In greco Pláton; Atene, 428 a.C./427 a.C. –
Atene, 348 a.C./347 a.C.) è stato un filosofo
ateniese. Assieme al suo maestro Socrate e al suo
allievo Aristotele ha posto le basi del pensiero
filosofico occidentale.

Biografia:
Nacque ad Atene da genitori aristocratici: il padre
Aristone, che vantava tra i suoi antenati Codro,
l'ultimo leggendario re di Atene, gli impose il
nome del nonno, cioè Aristocle; anche la madre,
Perittione, secondo Diogene Laerzio, discendeva
dal famoso legislatore Solone

La sua data di nascita viene fissata da
Apollodoro di Atene, nella sua Cronologia,
all'ottantottesima Olimpiade, nel settimo giorno
del mese di Targellione, ossia alla fine di maggio
del 428 a.C. Ebbe due fratelli, Adimanto e
Glaucone, citati nella sua Repubblica, e una
sorella, Potone, madre di Speusippo, futuro allievo
e successore, alla sua morte, alla direzione
dell'Accademia di Atene.

Fu un altro Aristone, un lottatore di Argo, suo
maestro di ginnastica, a chiamarlo per la larghezza
(dal greco, platýs, che significa "ampio") delle
spalle "Platone", che praticava infatti il pancrazio,
una sorta di lotta o pugilato.

Altri danno del nome un'altra derivazione, come l'ampiezza della fronte o la maestà dello stile letterario. Diogene Laerzio, riferendosi ad Apuleio, a Olimpiodoro e a Eliano, informa che avrebbe coltivato la pittura e la poesia, scrivendo ditirambi, liriche e tragedie, che avrebbero avuto in seguito, insieme ai mimi, un'importanza fondamentale per la scrittura dei suoi dialoghi.

I viaggi e l'incontro con Socrate

Frequentò l'eracliteo Cratilo e il parmenideo Ermogene, ma non è certo se la notizia sia reale o se voglia giustificare la sua successiva dottrina, influenzata sotto diversi aspetti dal pensiero dei suoi due grandi predecessori, Eraclito e Parmenide, da lui considerati gli autentici fondatori della filosofia.

Avrebbe partecipato a tre spedizioni militari, durante la guerra del Peloponneso, a Tanagra, a Corinto e a Delio, dal 409 a.C. al 407 a.C., anno in cui, conosciuto Socrate, avrebbe distrutto tutte le sue composizioni poetiche per dedicarsi pienamente alla filosofia.

Fondamentale il suo incontro con Socrate che, dopo la parentesi del governo, oligarchico e filospartano, dei Trenta tiranni, del quale faceva parte lo zio di Platone Crizia, fu accusato dal nuovo governo democratico di empietà e di corruzione dei giovani e condannato a morte nel 399 a.C.

Dopo la morte del maestro sarebbe andato a Megara insieme con altri allievi di Socrate, poi a Cirene, frequentando il matematico Teodoro di Cirene e ancora in Italia, dai pitagorici Filolao ed Eurito. Di qui, si sarebbe recato in Egitto, dove i sacerdoti l'avrebbero guarito da una malattia. Ma la fondatezza della notizia di questi viaggi è molto dubbia.

La fortuna di Platone:

Secondo alcuni autori la filosofia platonica costituisce una tappa fondamentale dell'intera storia della filosofia occidentale che si riconosce di lui debitrice. Come disse Ralph Waldo Emerson:

«In lui trovate ciò che avete già trovato in Omero, ora maturato in pensiero, il poeta convertito in filosofo, con vene di saggezza musicale più elevate di quelle raggiunte da Omero; come se Omero fosse il giovane e Platone l'uomo finito; eppure con la non minore sicurezza di un canto ardito e perfetto, quando ha cura di avvalersene; e con alcune corde d'arpa prese da un più alto cielo. Egli contiene il futuro, pur essendo uscito dal passato. In Platone esplorate l'Europa moderna nelle sue cause e nella sua semente, il tutto in un pensiero che la storia d'Europa incarna o dovrà ancora incarnare.

Sempre a questo proposito, Alfred North Whitehead ha sostenuto che «tutta la storia della filosofia occidentale non è che una serie di note a margine su Platone.

(http://it.wikipedia.org/wiki/Platone)

Èmile Boirac

(Guelma, 26 agosto 1851 – Digione, 20 settembre 1917) è stato uno psicologo, filosofo ed esperantista francese.

Nel 1898 diventò presidente dell'Università di Grenoble, e nel 1902 dell'Università di Digione.

Ha presieduto il primo Congresso Universale di Esperanto (tenutosi a Boulogne-sur-Mer, in Francia, dal 7 al 12 agosto 1905) e ha diretto l'Accademia dell'esperanto.

È anche noto soprattutto per aver coniato il termine déjà vu nel suo libro L'Avenir des Sciences Psychiques, dove chiamò la chiaroveggenza con il termine metagnomia dandone questa descrizione: conoscenza ottenuta fuori dai sensi, nota comunemente come percezione extrasensoriale.

(http://it.wikipedia.org/wiki/%C3%89mile_Boirac)

George Francis Rayner Ellis

Citazione in inglese:

George Francis Rayner Ellis, FRS, Hon. FRSSAf, (born 11 August 1939), is the Emeritus Distinguished Professor of Complex Systems in the Department of Mathematics and Applied Mathematics at the University of Cape Town in South Africa. He co-authored The Large Scale Structure of Space-Time with University of Cambridge physicist Stephen Hawking, published in 1973, and is considered one of the world's leading theorists in cosmology. He is an active Quaker and in 2004 he won the Templeton Prize. From 1989 to 1992 he served as President of the International Society on General Relativity and Gravitation. He is a past President of the International Society for Science and Religion. He is an A-rated researcher with the NRF.

Ellis was a vocal opponent of apartheid during the National Party reign in the 1970s and 1980s, and it is during this period that Ellis' research has focused on the more philosophical aspects of cosmology, for which he won the Templeton Prize. He was also awarded the Order of the Star of South Africa by Nelson Mandela, in 1999. On 18 May 2007, he was elected a Fellow of the British Royal Society.

In 2005 Ellis appeared as a guest speaker at the Nobel Conference in St. Peter, Minnesota.

I multiversi secondo **Ellis**

Multiversi (nell'interpretazione di Ellis, Koechner e Stoeger)

Livello III (Interpretazione multimondo di Hugh Everett III): si tratta di un'interpretazione della meccanica quantistica che propone l'esistenza di universi multipli aventi tutti le stesse costanti fisiche ma che si differenziano per ciò che succede al loro interno: ad esempio, se in un universo una particella elementare subisce l'effetto tunnel, in un altro non lo fa; allo stesso modo, sempre a titolo di esempio, un uomo potrebbe venire ucciso in un universo ma non in un altro e così via.

Molti ritengono che l'interpretazione di Everett sia un'estensione conservativa della meccanica quantistica standard, il che vuol dire che se si riesce ad esprimere i suoi risultati nel linguaggio della meccanica quantistica ordinaria, essa non porta a nuovi universi con leggi e costanti fisiche diverse, ossia a nuovi risultati non-contemplati dalla fisica senza interpretazione everettiana, ciò che rende quest'ultima superflua dal punto di vista del Rasoio di Ockham.

Questo, secondo Tegmar, "è un fatto ironico, dal momento che storicamente questo livello è stato il più controverso". Nel settembre del 2007 David Deutsch ha presentato quella che viene considerata una prova dell'interpretazione a molti-mondi.

(http://en.wikipedia.org/wiki/George_Francis_R ayner_Ellis)

Tony Rothman

Citazione in inglese:
(Born 1953) is an American theoretical physicist, academic and writer.

Early life:
Tony is the son of physicist and science fiction writer Milton A. Rothman. Rothman has a B.A. from Swarthmore College, (1975) and a Ph.D. from the University of Texas at Austin (1981), where he studied at the Center for Relativity. He continued on post-doctoral fellowships at Oxford, the University of Moscow and the University of Cape Town.

Career:
Rothman worked briefly as an editor at Scientific American, then taught at Harvard, Illinois Wesleyan University, Bryn Mawr College and more recently at Princeton University.

Rothman's scientific research has been concerned mainly with general relativity and cosmology, for which he has made contributions to the study of the early universe, specifically cosmic nucleosynthesis, black holes, inflationary cosmology and gravitons.

Rothman was the scientific editor for Andrei Sakharov's Memoirs and he has contributed to numerous magazines, including Scientific

American, Discover, The New Republic and History Today. He has played oboe at a professional level and commissioned a concerto from Aleksandr Raskatov.

Selected works:

Tony Rothman's first book, written just after graduating college, was The World is Round (Ballantine, 1978), a science fiction novel about the evolution of society on a non-earthlike planet. His experiences in Russia resulted in publication of a collection of short stories entitled Censored Tales (1989).

He has also published six books of popular science and science history. His collection A Physicist on Madison Avenue (1991) was nominated for the Pulitzer Prize, while Doubt and Certainty, with George Sudarshan, was chosen by the A-List as one of the 200 best books of 1998. He co-authored Sacred Mathematics: Japanese Temple Geometry with Fukagawa Hidetoshi. Published in 2008, this was the first history of sangaku in English, and won the Association of American Publisher's 2008 PROSE award for Professional and Scholarly Excellence in mathematics.

Rothman's published writings encompass hundreds of works in 7 languages and include 3,073 library holdings.

(http://en.wikipedia.org/wiki/Tony_Rothman)

Jian-Wei Pan

Citazione in inglese:

Research Interest

Theory and experiment on quantum communication and quantum computation

Quantum optics and quantum information, cold atomic physics, multi-photon entanglement

quantum repeater, long-distance free-space & fiber-based quantum key distribution

quantum simulation, solid-state quantum photonics

(http://www.nature.com/news/data-teleportation-the-quantum-space-race-1.11958)